BEI GRIN MACHT SICH IHR WISSEN BEZAHLT

- Wir veröffentlichen Ihre Hausarbeit, Bachelor- und Masterarbeit

- Ihr eigenes eBook und Buch - weltweit in allen wichtigen Shops

- Verdienen Sie an jedem Verkauf

Jetzt bei www.GRIN.com hochladen und kostenlos publizieren

Ausdauertrainingsplanung für eine Person mit mäßiger Erfahrung

Bibliografische Information der Deutschen Nationalbibliothek:

Die Deutsche Nationalbibliothek verzeichnet diese Publikation in der Deutschen Nationalbibliografie; detaillierte bibliografische Daten sind im Internet über http://dnb.d-nb.de abrufbar.

ISBN: 9783389037287
Dieses Buch ist auch als E-Book erhältlich.

© GRIN Publishing GmbH
Trappentreustraße 1
80339 München

Druck und Bindung: Books on Demand GmbH, Norderstedt Germany
Gedruckt auf säurefreiem Papier aus verantwortungsvollen Quellen

Das vorliegende Werk wurde sorgfältig erarbeitet. Dennoch übernehmen Autoren und Verlag für die Richtigkeit von Angaben, Hinweisen, Links und Ratschlägen sowie eventuelle Druckfehler keine Haftung.

Das Buch bei GRIN: https://www.grin.com/document/1481577

Hausarbeit

Studiengang	Fitnessökonomie
Studienmodul	Trainingslehre 2
Termin Lehrveranstaltung (siehe Ergebnisdokumentation)	15.04.2024 - 17.04.2024
Aufgabe	Erstellen Sie für eine Person mit mindestens sechs und weniger als zwölf Monaten aktueller Ausdauertrainingserfahrung eine Trainingsplanung für das Ausdauertraining.

Inhaltsverzeichnis

1 Diagnose

1.1 Allgemeine Daten

Tabelle 1: Diagnose

Alter	20 Jahre
Geschlecht	Männlich
Körpergröße	1,85 Meter
Körpergewicht	88 Kilogramm
Trainingsmotive	Steigerung der Ausdauerleistung Senkung des Stresslevels Körperfettreduktion
Berufliche Tätigkeit	Student (2. Semester Wirtschaftswissenschaften)
Aktuelle Sportliche Aktivität	Seit 8 Monaten 2-mal pro Woche 60 Minuten Krafttraining (Ganzkörpertraining) und zusätzlich eine 30-minütige Einheit moderates Ausdauertraining auf dem Fahrradergometer
Frühere sportliche Aktivität	2-mal pro Woche 90 Minuten Fußballtraining (Amateurniveau)
Blutdruck	120mmHG / 80mmHG
Zeitlicher Verfügungsrahmen	Könnte 2-mal die Woche ein Ausdauertraining absolvieren
Gesundheitszustand	Gesund
Körperliche Einschränkungen	Keine
Sonstige Erkrankungen	Keine
Einnahme von Medikamenten	Keine
BMI (Body-Maß-Index)	25,7kg/m²
Ruhepuls	70 S/min
Hfmax (Maximale Herzfrequenz)	200

Tabelle 2: Blutdruckwerte

Kategorie	Systolisch (mmHG)	Diastolisch (mmHG)
Niedrig	105	65
Optimal	120	80
Normal	130	85
Hochnormal	130 – 139	85 - 89
Hypertonie Grad 1	140 – 159	90 – 99
Hypertonie Grad 2	160 – 179	100 – 109
Hypertonie Grad 3	179	109

Blutdruck ist der Druck, den das zirkulierende Blut auf die Gefäßwand im großen Kreislauf des Körpers ausübt. Dabei entsteht der systolische Druck im Augenblick der Zusammenziehung (systolische Kontraktion) des Herzmuskels; der diastolische Druck dagegen im Moment der Erschlaffung des Herzmuskels (Schmidt-Voigt, J. (1984)). In der oben erstellten Tabelle sind die normalen Blutdruckwerte von Erwachsenen aufgelistet. Die Blutdruckwerte des Probanden liegen bei 120/80 mmHg und liegen somit im Optimal Bereich für Erwachsene und sind daher bei der Trainingsplanung nicht zu berücksichtigen.

Tabelle 3: Normwerte Ruhepuls

Neugeborene Babys	120 bis 140 S/min
Kleinkinder	100 bis 120 S/min
Bei älteren Kindern und Jugendlichen	80 bis 100 S/min
Erwachsenenalter	60 bis 80 S/min

Der Puls bezeichnet das Anschlagen der durch den Herzschlag fortgeleiteten Blutwelle an den Gefäßwänden. Am deutlichsten zu spüren ist der Puls in der Regel an den Hauptschlagadern (Handgelenk, Hals, Oberschenkel Innenseite) ((O. J.). Vibss.de.). Er beträgt bei Erwachsenen etwa 70 Schläge pro Minute (Mathias, D. (2015)). Somit weist der Proband einen als normal eingestuften Ruhepuls auf. Daher liegt keine Gefahr in Bezug auf das Ausdauertraining vor.

1.2 Leistungsdiagnostik/Ausdauertestung

1.2.1 Begründung des gewählten Fahrradergometertest

Für die Leistungsdiagnostik am Fahrradergometer wurde der Hollmann-Venrath-Test ausgewählt. Der Proband wird aufgrund seiner Trainingserfahrung im Ausdauersport und seiner allgemeinen Fitness und Gesundheit als durchschnittlich bis gut trainierte Person eingestuft. Dementsprechend wird ihm eine Belastbarkeit von mindestens 150 Watt zugetraut.

1.2.2 Durchführung des Hollmann-Venrath-Test

Beim Hollmann-Venrath-Test beginnt der Proband mit einer Eingangsbelastung von 30 Watt auf dem Fahrradergometer. Diese Belastung wird alle drei Minuten um 40 Watt gesteigert. Die Trittfrequenz liegt bei 60 bis 80 Umdrehungen pro Minute. Nach jeder Minute wird die Herzfrequenz des Probanden gemessen und dokumentiert. Abgebrochen wird aufgrund zu hoher Erschöpfung oder wenn die zuvor ermittelte Pulsobergrenze von 150 S/min erreicht ist. Diese wird unter Berücksichtigung der Ruheherzfrequenz und der ausdauerrelevanten Aktivitäten errechnet. Laut IPN liegt die Pulsobergrenze für eine Ruheherzfrequenz von 70 S/min und einem Alter von 20 Jahren bei 150 S/min. Der Proband absolvierte seit acht Monaten einmal wöchentlich ein 30-minütiges Ausdauertraining und wird somit als wenig Ausdauertrainiert eingestuft, wodurch kein Aufschlag bei der Zielherzfrequenz berechnet wird.

Tabelle 4: Testergebnisse des Probanden beim IPN-Test nach Hollmann-Venrath (eigene Darstellung)

Zeit	Wattstufe	Herzfrequenz	Belastungsstufe
Minute 1	30 Watt	84	I
Minute 2	30 Watt	86	I
Minute 3	30 Watt	87	I
Minute 4	70 Watt	92	II
Minute 5	70 Watt	94	II
Minute 6	70 Watt	96	II
Minute 7	110 Watt	103	III
Minute 8	110 Watt	107	III
Minute 9	110 Watt	110	III
Minute 10	150 Watt	126	IV
Minute 11	150 Watt	128	IV
Minute 12	150 Watt	130	IV
Minute 13	190 Watt	148	V
Minute 14	190 Watt	154	V

Der Proband konnte vier Belastungsstufen erfolgreich absolvieren. Aufgrund der Überschreitung der Pulsobergrenze von 150 S/min musste der Test nach 14 Minuten innerhalb der fünften Stufe abgebrochen werden. Somit ergibt sich folgende Rechnung für die Zeitinterpolation: Letzte vollständige Stufe 150 Watt, Belastungssteigerung 40 Watt, Anteilig durchfahren 2/3, somit ergibt sich eine Absolute Wattleistung von 176,66 (150 + 40 x 2/3). Da der Proband ein Körpergewicht von 88 Kilogramm besitzt resultiert sich eine relative Wattleistung von 2,0075 Watt/kg Körpergewicht (176,66 Watt / 88 kg). Laut Normtabelle für submaximale Radergometertests bei Männern weist der Proband mit seinen 20 Jahren bei der Bewertung eine durchschnittliche Ausdauerfähigkeit auf.

1.3 Gesundheits- und Leistungsstatus der Person

Die Beurteilung des Gesundheits- und Leistungszustands beruht auf den erfassten biometrischen Daten und ersetzt nicht eine medizinische Untersuchung. Generell deutet der Proband auf eine gute Belastbarkeit und Trainierbarkeit hin. Mit einer Größe von 1,88

Metern und einem Körpergewicht von 88 Kilogramm liegt bei dem Probanden ein leichtes Übergewicht vor. Allerdings besitzt die Testperson eine sportliche Vergangenheit und absolviert bereits vor dem Start der Trainingsplanung mehrmals die Woche Kraft und auch Ausdauereinheiten im Fitnessstudio. Der Blutdruck von 120mmHG / 80mmHG und der Ruhepuls von 70 Schlägen pro Minute liegen ebenfalls im gesunden Bereich. Außerdem wurden keine Erkrankungen, Verletzungen oder die Einnahme von Medikamenten im Vorgespräch angegeben, was auf eine gute Ausgangsposition für das Training hindeutet.

2 Zielsetzung und Prognose

Tabelle 5: Zielsetzung

Inhalt	Ausmaß	Zeit
Steigerung der Ausdauerleistung	2,0075 Watt/kg auf 2,6 Watt/kg	3 Monate
Senkung des Stresslevels	Von 7 auf 4	3 Monate
Körperfettreduktion	4% vom Körpergewicht	8 Wochen

Der Proband hat die Trainingsmotive Steigerung der Ausdauerleistung, Senkung des Stresslevels sowie die Körperfettreduktion. Dementsprechend wurde die Detailplanung des Mesozyklus zur Erreichung der Zielinhalte genau abgestimmt. Die Verbesserung der Ausdauerleistung von 0,6 Watt pro Kilogramm Körpergewicht soll nach den 8 Wochen erreicht werden. Hierzu wird am Ende des Mesozyklus erneut ein Hollmann-Venrath-Test durchgeführt. Des Weiteren soll das Stresslevel von einer 7 auf eine 4 der Skala von eins (Komplett Stressfrei) bis zehn (Extrem Stressig) des subjektiven Empfindens gesenkt werden. Der Körperfettanteil soll in den 8 Wochen um 4% reduziert werden. Das bedeutet, dass der Proband 3,52 Kilogramm an Fett verlieren möchte. Gemessen wird der Verlust von Körperfett mithilfe der Tanita Waage.

3 Trainingsplanung Mesozyklus

3.1 Grobplanung Mesozyklus

Tabelle 6: Mesozyklus

Mesozyklus	
Dauer	8 Wochen
Trainingsziele	Steigerung der Ausdauerleistung
	Senkung des Stresslevels
	Körperfettreduktion
Wöchentlicher Gesamttrainingsumfang	1 – 1,5 Stunden
Trainingsmethoden	Extensive Dauermethode
	Intensive Dauermethode
Vorgesehene Belastungsintensitäten	60-75 % HFmax (extensive Dauermethode)
	75-85% HFmax (intensive Dauermethode)
Trainingshäufigkeit pro Woche	2-mal
Dauer pro TE	30 – 60 Minuten
Trainingsgeräte	Fahrrad/Radergometer
	Laufband

3.2 Detailplanung Mesozyklus

In den nachfolgenden Tabellen wird der Mesozyklus ausführlich dargestellt. Insgesamt wurden acht Tabellen entworfen die jeweils eine Woche Trainingsplanung beinhalten. Bei der Planung der jeweiligen Wochen kommt die THF (Trainingsherzfrequenz) als Parameter hinzu, welche für den Proband individuell errechnet wurde. Zur Berechnung wurde die ACSM-Formel (*Altersformel (ACSM = American College of Sports Medicine).* (o. J.). Academyofsports.de.) verwendet: HFmax x Intensität = THF

Die Berechnung der Hfmax erfolgt ähnlich der Kavonenformel: 200 – Lebensalter für den Rad Ergometer und 220 – Lebensalter für das Laufband.

Berechnung der Trainingsherzfrequenz für die Extensive Dauermethode auf dem Rad Ergometer:

Untere Grenze: (200-20) x 0,60 = 108 S/min

Obere Grenze: (200-20) x 0,75= 135 S/min

Berechnung der Trainingsherzfrequenz für die Extensive Dauermethode auf dem Laufband:

Untere Grenze: (220-20) x 0,60 = 120 S/min

Obere Grenze: (220-20) x 0,75= 150 S/min

Berechnung der Trainingsherzfrequenz für die Intensive Dauermethode auf dem Rad Ergometer:

Untere Grenze: (200-20) x 0,75 = 135 S/min

Obere Grenze: (200-20) x 0,85= 153 S/min

Berechnung der Trainingsherzfrequenz für die Intensive Dauermethode auf dem Laufband:

Untere Grenze: (220-20) x 0,75 = 150 S/min

Obere Grenze: (220-20) x 0,85= 170 S/min

Tabelle 7: Mesozyklus Woche 1

Woche 1	Dienstag	Freitag
Trainingsziel	Grundlagenausdauer 1	Grundlagenausdauer 1
Trainingsmethode	Extensive Dauermethode	Extensive Dauermethode
Trainingsintensität	60-75% Hfmax	60-75% Hfmax
Trainingsherzfrequenz	108-135 S/min	120-150 S/min
Trainingsdauer	30 Minuten	30 Minuten
Trainingsgerät	Fahrrad	Laufband

Tabelle 8: Mesozyklus Woche 2

Woche 2	Dienstag	Freitag
Trainingsziel	Grundlagenausdauer 1	Grundlagenausdauer 2
Trainingsmethode	Extensive Dauermethode	Intensive Dauermethode
Trainingsintensität	60-75% Hfmax	75-85% Hfmax
Trainingsherzfrequenz	108-135 S/min	150-170 S/min
Trainingsdauer	35 Minuten	35 Minuten
Trainingsgerät	Fahrrad	Laufband

Tabelle 9: Mesozyklus Woche 3

Woche 3	Dienstag	Freitag
Trainingsziel	Grundlagenausdauer 1	Grundlagenausdauer 2
Trainingsmethode	Extensive Dauermethode	Intensive Dauermethode
Trainingsintensität	60-75% Hfmax	75-85% Hfmax
Trainingsherzfrequenz	108-135 S/min	150-170 S/min
Trainingsdauer	40 Minuten	40 Minuten
Trainingsgerät	Fahrrad	Laufband

Tabelle 10: Mesozyklus Woche 4

Woche 4	Dienstag	Freitag
Trainingsziel	Grundlagenausdauer 1	Grundlagenausdauer 1
Trainingsmethode	Extensive Dauermethode	Extensive Dauermethode
Trainingsintensität	60-75% Hfmax	60-75% Hfmax
Trainingsherzfrequenz	108-135 S/min	120-150 S/min
Trainingsdauer	30 Minuten	35 Minuten
Trainingsgerät	Fahrrad	Laufband

Tabelle 11: Mesozyklus Woche 5

Woche 5	Dienstag	Freitag
Trainingsziel	Grundlagenausdauer 1	Grundlagenausdauer 2
Trainingsmethode	Extensive Dauermethode	Intensive Dauermethode
Trainingsintensität	60-75% Hfmax	75-85% Hfmax
Trainingsherzfrequenz	108-135 S/min	150-170 S/min
Trainingsdauer	35 Minuten	35 Minuten
Trainingsgerät	Fahrrad	Laufband

Tabelle 12: Mesozyklus Woche 6

Woche 6	Dienstag	Freitag
Trainingsziel	Grundlagenausdauer 1	Grundlagenausdauer 2
Trainingsmethode	Extensive Dauermethode	Intensive Dauermethode
Trainingsintensität	60-75% Hfmax	75-85% Hfmax
Trainingsherzfrequenz	108-135 S/min	150-170 S/min
Trainingsdauer	40 Minuten	40 Minuten
Trainingsgerät	Fahrrad	Laufband

Tabelle 13: Mesozyklus Woche 7

Woche 7	Dienstag	Freitag
Trainingsziel	Grundlagenausdauer 1	Grundlagenausdauer 2
Trainingsmethode	Extensive Dauermethode	Intensive Dauermethode
Trainingsintensität	60-75% Hfmax	75-85% Hfmax
Trainingsherzfrequenz	108-135 S/min	150-170 S/min
Trainingsdauer	45 Minuten	45 Minuten
Trainingsgerät	Fahrrad	Laufband

Tabelle 14: Mesozyklus Woche 8

Woche 8	Dienstag	Freitag
Trainingsziel	Grundlagenausdauer 1	Grundlagenausdauer 1
Trainingsmethode	Extensive Dauermethode	Extensive Dauermethode
Trainingsintensität	108-135 S/min	120-150 S/min
Trainingsherzfrequenz	60-75% Hfmax	60-75% Hfmax
Trainingsdauer	35 Minuten	40 Minuten
Trainingsgerät	Fahrrad	Laufband

3.3 Begründung Mesozyklus

3.3.1 Begründung zu den angesteuerten Trainingsbereichen

Die Verteilung der Trainingsbereiche erfolgt bei dem Trainingsplan des Probanden in Grundlagenausdauer 1 und Grundlagenausdauer 2. Die Basis eines jeden vernünftigen Trainings legt man mit der Grundlagenausdauer (Goldmann, S. (2014)) dementsprechend wurde hierauf bei der Planung der Fokus gelegt. In Zahlen ausgedrückt wurde das Ausdauertraining in 68,75% GA1 und 31,25% GA2 Einheiten unterteilt. Da der Proband aufgrund seines Zeitlichen Verfügungsrahmens von zwei Ausdauertrainings die Woche sowie drei freie Tage zur Erholung nach den GA2 Einheiten besitzt wurde auf eine aktive Regeneration in Form eines Rekom-Trainings verzichtet.

3.3.2 Begründung zu den ausgewählten Trainingsmethoden

Die Wahl der Trainingsmethoden für den Probanden fiel auf die Extensive und Intensive Dauermethode. Das Prinzip der Dauermethode besteht darin, eine aerobe Ausdauerbelastung über einen längeren Zeitraum hinweg ohne Pause und mit annähernd gleichbleibender Intensität zu erbringen. (Miko, H.-C., >et al.<, 2020, S.188) sie zielen darauf ab, unterschiedliche Aspekte der aeroben Kapazität und Ausdauer zu verbessern. Durch regelmäßiges Training mit der extensiven Dauermethode kann das Herz-Kreislauf-System effizienter gestaltet werden, was zu einer verbesserten Sauerstoffaufnahme, einer erhöhten Mitochondrien Dichte und einer verbesserten Fettverbrennung führt. Aufgrund des hohen Ausgangs Stress Niveaus des Probanden wurde zudem auf extreme Intervallbelastungen bei der Trainingsplanung verzichtet.

3.3.3 Begründung zum angestrebten wöchentlichen Belastungsumfang

Der wöchentliche Belastungsumfang liegt vor allem der zeitlichen Verfügbarkeit (Kann zweimal die Woche ein Ausdauertraining absolvieren) des Probanden zugrunde. Der Proband steigert in den ersten drei Wochen die Trainingsdauer danach folgt in Woche vier eine Reduktion um ein Verhältnis von 3:1 zwischen Be- und Entlastungsverhältnis zu schaffen. Dieses Konzept wiederholt sich in den folgenden Wochen (Woche fünf bis sieben wird belastet und in Woche acht wird die Trainingsdauer wieder etwas gekürzt). Um die Gesundheit zu fördern, sollten Erwachsene 75–150 Minuten pro Woche ausdauerorientierte Bewegung mit höherer Intensität oder eine entsprechende Kombination aus ausdauerorientierter Bewegung mit mittlerer und höherer Intensität durchführen. Der Proband liegt durch sein Krafttraining und den zusätzlichen Ausdauereinheiten somit im Soll.

3.3.4 Begründung zur Belastungsprogression

Die Belastungssteuerung ist ein Teil der Trainingssteuerung und beschäftigt sich in besonderem Maße mit der individuellen Regulation während des Trainingsprozesses. ((Hanakam, F., & Ferrauti, A, 2020, S. 384)) Dazu stehen verschiedene Steuerungsgrößen zur Verfügung, die man laut World Health Organization in folgender Reihenfolge verändern soll, Häufigkeit vor Umfang vor Intensität. (*Global recommendations on physical activity for health.* (2010, Januar 1)) Der Proband hat vor Erstellung des Mesozyklus einmal die Woche ein Ausdauertraining vollzogen, somit wurde zunächst die Häufigkeit von einer auf zwei Einheiten die Woche erhöht. Außerdem wurde im nächsten Schritt der Belastungsumfang mit Ausnahme der beiden Entlastungswochen vier und acht pro Woche um zehn Minuten erhöht.

3.3.5 Begründung der ausgewählten Ausdauergeräte bzw. Bewegungsformen

Die Belastung mittels Fahrradergometrie ist in Europa weit verbreitet und das bevorzugte Belastungsverfahren in Deutschland (Löllgen, H., Erdmann, E., & Gitt, A. K, 2009, S. 22) zudem hat der Proband bereits in der Vergangenheit ein Fahrradergometer für sein Ausdauertraining genutzt. Die zweite Einheit in der Trainingswoche findet auf dem Laufband statt, da der Proband die Belastungsform aus dem täglichen Leben gewohnt ist. Des Weiteren ist eine Ausbelastung besser möglich als bei der Fahrradergometrie. (Löllgen, H., Erdmann, E., & Gitt, A. K, 2009, S. 7) Um etwas Abwechslung zu haben und dennoch eine gewisse Überprüfbarkeit der Fortschritte zu gewährleisten wurden zwei Ausdauer Geräte bei der Planung des Mesozyklus berücksichtigt. Außerdem führt der Proband eine sitzende und eine stehende Einheit aus und ist es durch vergangene Trainingsprogramme auf dem Fahrrad als auch durch sein früheres Hobby dem Fußballspielen an die Bewegungsabläufe gewöhnt und hat vor allem Spaß an den jeweiligen Geräten.

4 Literaturrecherche

Tabelle 15: Studie 1: Effects of aerobic training intensity on resting, exercise and post-exercise blood pressure, heart rate and heart-rate variability.

Wer hat die Studie durchgeführt	V A Cornelissen, R H Fagard, B Verheyden, A E Aubert
In welchem Jahr wurde die Studie publiziert?	25. Juni 2009
Welche Forschungsfrage wurde untersucht?	Ziel war es, die Auswirkungen der Ausdauer-Trainingsintensität (1) auf den systolischen Blutdruck (SBP) und die Herzfrequenz (HR) in Ruhe vor dem Training sowie während und nach einem maximalen Trainingstest und (2) auf die Messung der HR-Variabilität in Ruhe vor dem Training und während der Erholung vom Trainingstest bei mindestens 55-jährigen gesunden, inaktiven Männern und Frauen zu untersuchen.
Mit welchen Versuchspersonen wurde die Studie durchgeführt?	Mindestens 55-Jahre alte Männer und Frauen
Wie sah der Versuchsaufbau der Studie aus?	Es wurde eine randomisierte Crossover-Studie mit drei 10-wöchigen Perioden durchgeführt. In der ersten und dritten Periode trainierten die Teilnehmer mit geringerer oder höherer Intensität (33% bzw. 66% der HR-Reserve) in zufälliger Reihenfolge, mit einer sitzenden Periode dazwischen. Die Ausbildungsprogramme waren mit Ausnahme der Intensität identisch und wurden unter Aufsicht dreimal für eine Stunde pro Woche durchgeführt.
Welche relevanten Ergebnisse und Schlussfolgerungen liefert die Studie	Die Ergebnisse zeigen, dass Ausdauertraining mit niedrigerer und höherer Intensität den Blutdruck signifikant (P<0,05) und in ähnlichem Maße senkt. Darüber hinaus war die SBP (Systolic Blood Pressure) während der Erholung im Durchschnitt nicht niedriger als in

Ruhe vor dem Training, und chronisches Ausdauertraining hatte keinen Einfluss auf die SBP-Reaktion nach einem akuten Trainingsanfall. Die Auswirkungen des Trainings auf die Herzfrequenz in Ruhe, während des Trainings und in der Erholungsphase waren bei höherer Intensität ausgeprägter (P<0,05). Schließlich hatte das Ausdauertraining keine signifikanten Auswirkungen auf das sympathovagale Gleichgewicht. Zusammenfassend lässt sich sagen, dass bei Teilnehmern in höherem Alter beide Trainingsprogramme ähnliche Auswirkungen auf den Blutdruck in Ruhe, während der Belastung und in der Erholungsphase nach der Belastung haben, während die Auswirkungen auf die Herzfrequenz nach einem Training mit höherer Intensität stärker ausgeprägt sind.

Tabelle 16: Studie 2: Effect of endurance exercise training on left ventricular size and remodeling in older adults with hypertension.

Wer hat die Studie durchgeführt	Michael J. Turner, Robert J. Spina, Wendy M. Kohrt, Ali A. Ehsani
In welchem Jahr wurde die Studie publiziert?	01.04.2000
Welche Forschungsfrage wurde untersucht?	Die Studie wurde entwickelt, um festzustellen, ob Ausdauertraining, durch Senkung des Blutdrucks eine Regression der linksventrikulären Hypertrophie und eine konzentrische Umgestaltung des linken Ventrikels bei älteren hypertensiven Erwachsenen hervorrufen kann.
Mit welchen Versuchspersonen wurde die Studie durchgeführt?	11 ältere Erwachsene mit leichter bis mittelschwerer Hypertonie (neun Männer, zwei Frauen)
Wie sah der Versuchsaufbau der Studie aus?	Die Probanden absolvierten sieben Monate lang ein Ausdauertrainingsprogramm. Außerdem wurden sieben weitere sitzende hypertensive Personen rekrutiert (fünf Männer und zwei Frauen 68,5 plus/minus 1 Jahr alt), die als Kontrollgruppe dienten. Danach folgten Blutdruckmessungen und Belastungstests

	und die Bestimmung des maximalen O2 Aufnahmekapazität. Von einer Ernährungsumstellung wurde den Probanden abgeraten. Des Weiteren wurden die Größe und Funktion des linken Ventrikels gemessen. Das Training bestand aus einem einmonatigen Flexibilitätsprogramm, gefolgt von einem siebenmonatigen Ausdauertraining. Danach wurden Statistiken erhoben um Unterschiede festzstellen.
Welche relevanten Ergebnisse und Schlussfolgerungen liefert die Studie	Die Daten deuten darauf hin, dass körperliches Training den Blutdruck senken und eine teilweise Regression von LVH und LV induzieren kann. Durch körperliches Training stieg die aerobe Leistung um 16 %. Die systolische und diastolische Leistung sank.

5   Literaturverzeichnis

Altersformel (ACSM = American College of Sports Medicine). (o. J.). Academyof-sports.de. Abgerufen 27. April 2024, von https://www.academyofsports.de/de/le-xikon/altersformel-acsm-american-college-of-sports-medicine/

Cornelissen, V. A., Verheyden, B., Aubert, A. E., & Fagard, R. H. (2010). Effects of aerobic training intensity on resting, exercise and post-exercise blood pressure, heart rate and heart-rate variability. *Journal of Human Hypertension, 24*(3), 175–182. https://doi.org/10.1038/jhh.2009.51

Erhöhter Puls. (2022, Mai 11). Arztphobie. https://www.arztphobie.com/symptome/er-hoehter-puls/

Global recommendations on physical activity for health. (2010, Januar 1). Who.int; World Health Organization. https://www.who.int/publica-tions/i/item/9789241599979

Goldmann, S. (2014). *Du kannst Triathlon!: Dein Guide zum erfolgreichen Triathlon-Finish* (1. Aufl.). spomedis. https://books.google.at/books?id=dJiVEAAAQBAJ

Hanakam, F., & Ferrauti, A. (2020). Ausdauertraining. In *Trainingswissenschaft für die Sportpraxis* (S. 345–404). Springer Berlin Heidelberg.

Löllgen, H., Erdmann, E., & Gitt, A. K. (2009). *Ergometrie: Belastungsuntersuchungen in Klinik und Praxis.* Springer-Verlag.

Mathias, D. (2015). Ausdauersport und die Herzfrequenz. In *Fit von 1 bis Hundert* (S. 62–62). Springer Berlin Heidelberg.

Miko, H.-C., Zillmann, N., Ring-Dimitriou, S., Dorner, T. E., Titze, S., & Bauer, R. (2020). Auswirkungen von Bewegung auf die Gesundheit. *Gesundheitswesen (Bundesverband der Ärzte des Öffentlichen Gesundheitsdienstes (Germany)), 82*(S 03), S184–S195. https://doi.org/10.1055/a-1217-0549

(O. J.). Vibss.de. Abgerufen 1. Mai 2024, von https://lsb-niedersachsen.vibss.de/filead-min/Medienablage/Sportpraxis/PH_Praevention/PH_P_Wasser_TN-Info_Das_Herz-Kreislauf-System.pdf

Schmidt-Voigt, J. (1984). Erhöhter Blutdruck. In *Erhöhter Blutdruck* (S. 1–19). Springer Berlin Heidelberg.

6 Tabellenverzeichnis